IK HOU ERVAN OM IN MIJN EIGEN BED TE SLAPEN

Shelley Admont
Geïllustreerd door Sonal Goyal en Sumit Sakhuja

www.kidkiddos.com
Copyright©2013 by S. A. Publishing ©2017 by KidKiddos Books Ltd.
support@kidkiddos.com

All rights reserved. No part of this book may be reproduced in any form or by any electronic or mechanical means, including information storage and retrieval systems, without written permission from the publisher or author, except in the case of a reviewer, who may quote brief passages embodied in critical articles or in a review.
First edition

Translated from English by Noa Nonk
Vertaald vanuit Engels door Noa Nonk

Library and Archives Canada Cataloguing in Publication
I Love to Sleep in My Own Bed (Dutch Edition)/ Shelley Admont
ISBN: 978-1-77268-054-6 paperback
ISBN: 978-1-77268-546-6 hardcover
ISBN: 978-1-77268-053-9 eBook

Voor degenen die ik het meeste liefheb - S.A.

Jimmy, een klein konijntje, woonde met zijn familie in het bos. Hij woonde in een mooi huis met zijn mama, papa en zijn twee oudere broers.

Jimmy vond het niet leuk om in zijn eigen bed te slapen. Op een avond poetste hij zijn tanden en voordat hij naar bed ging, vroeg hij aan zijn mama, "Mam, kan ik in jouw bed slapen samen met jou? Ik vind het echt niet leuk om in mijn eigen bed alleen te slapen."

"Schatje," zei mama, "iedereen heeft zijn eigen bed en jouw bed past bij jou."

"Maar, mam, ik vind mijn bed helemaal niet leuk," antwoordde Jimmy. "Ik wil in jouw bed slapen."

"Laten we het zo doen," zei mama, "jij kruipt in je bed en ik zal je knuffelen, je instoppen en ik lees een verhaaltje voor aan jou en je broers."

Mama knuffelde met Jimmy en las een verhaaltje voor aan haar drie kinderen. Tijdens het verhaal vielen de kinderen in slaap.

Mama gaf ze allemaal een kus en ging slapen in haar bed in haar kamer.

Midden inde nacht werd Jimmy wakker. Hij zat rechtop in zijn bed, keek om zich heen en zag dat mama niet naast hem zat.

Hij stapte uit bed, nam zijn kussen en deken mee en sloop stil naar de 'kamer van mama en papa. Jimmy klom in hun bed, knuffelde mama en viel in slaap.

De volgende avond werd Jimmy weer wakker. Hij nam zijn kussen en deken mee en liep zijn kamer uit, net zoals de avond ervoor. Maar toen werd zijn middelste broer wakker.

"Jimmy, waar ga je heen?" vroeg hij.

"Eh, ehh...," stotterde Jimmy, "Nergens heen. Ga weer slapen."

Hij rende snel naar de kamer van papa en mama. Hij kroop in hun bed en deed net alsof hij sliep.

Maar zijn middelste broer was klaarwakker. Toen hij erachter kwam dat Jimmy bij papa en mama in bed sliep, was hij erg verdrietig.

Dus zo zit het, dacht hij. Als Jimmy het mag, dan wil ik het ook. Met dat idee klom ook hij in zijn ouders' bed!

Mama hoorde vreemde geluiden, opende haar ogen en zag twee kinderen in bed. Ze maakte ruimte voor hen in bed, door zelf in een klein hoekje gaan liggen.

Weer sliepen ze zo de hele nacht door tot het ochtend werd.

De derde avond gebeurde het weer. Jimmy werd wakker, pakte zijn kussen en deken en ging naar zijn ouders kamer. Zijn broer volgde hem weer en ze klommen samen in hun ouders bed met zijn kussen en deken.

Maar deze keer werd de oudste broer ook wakker. Iets klopt hier niet, dacht hij en volgde zijn twee jongere broertjes naar mama en papa's kamer.

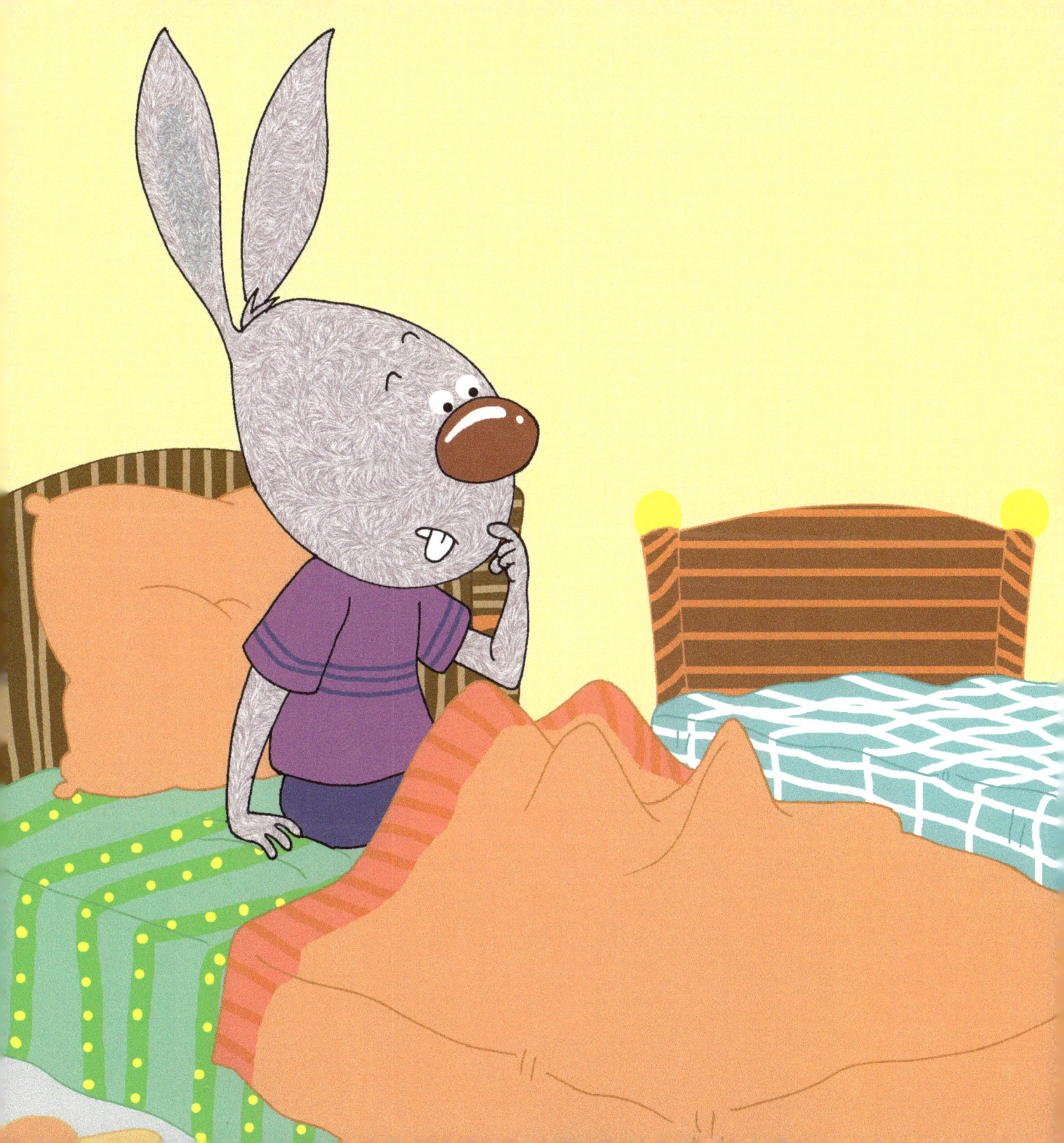

Toen de oudste broer zag dat zijn twee broertjes samen in bed sliepen bij papa en mama werd hij erg jaloers.

Ik wil ookin mama en papas bed slapen, dacht hij en sprong zachtjes in het bed.

Het lag helemaal niet lekker. Mama en papa hebben de hele avond niet geslapen. Woelen en draaien, ze probeerde de meest comfortabele manier om te slapen te vinden.

Het was ook niet gemakkelijk voor de kleine konijntjes. Ze draaiden om en om in bed totdat het bijna ochtend was.

Toen opeens... Boem! ...Bang! ... het bed brak!
"Wat is er gebeurd?" schreeuwde Jimmy meteen toen hij wakker werd.
"Wat gaan we nu doen?" zei mama verdrietig.
"We zullen een nieuw bed moeten bouwen," zei papa. "Na het ontbijt gaan we naar het bos en beginnen we met werken."

Na het onbijt ging de hele familie naar het bos om een nieuw bed te bouwen.

Na een hele dag werken hadden ze een groot en sterk bed van hout gemaakt. Wat ze alleen nog moesten doen was het versieren.

"We hebben besloten om ons bed bruin te verven," zei mama, "en terwijl wij ons bed verven, mogen jullie je eigen bed verven in welke kleur jullie willen."

"Ik wil blauw," zei de oudste broer enthousiast en rende weg om zijn bed blauw te verven.
"En ik kies de kleur groen," zei de middelste broer blij.

Jimmy nam de kleuren rood en geel. Hij mengde de kleuren en maakte zo zijn favoriete kleur... **oranje!**

Hij verfde zijn bed oranje en versierde het met rode en gele sterren. Er waren grote sterren, middelgrote steren en zelfs hele, hele kleine sterren.

Toen hij klaar was, rende hij naar zijn mama en schreeuwde trots, "Mam, kijk naar mijn mooie bed! Ik hou zoveel van mij bed. Ik wil er elke avond in slapen."

Mama lachte en gaf Jimmy een dikke knuffel.

Sinds dat moment slaapt Jimmy elke avond in zijn oranje bed. Hij houdt er heel veel van om in zijn bed te slapen.

Slaap lekker, Jimmy!

www.ingramcontent.com/pod-product-compliance
Lightning Source LLC
LaVergne TN
LVHW071959060526
838200LV00010B/237